FRANCISCO GARCÍA PAVÓN

LOS CARROS VACÍOS

EDICIÓN SIMPLIFICADA PARA USO ESCOLAR Y AUTOESTUDIO

Esta edición, cuyo vocabulario se ha elegido entre las palabras españolas más usadas (según CENTRALA ORDFÖRRÅDET I SPANSKAN de Gorosch, Pontoppidan-Sjövall y el VOCABULARIO BÁSICO de Arias, Pallares, Alegre), ha sido resumida y simplificada para satisfacer las necesidades de los estudiantes de español con unos conocimientos un poco avanzados del idioma.

EDICIÓN A CARGO DE:
Berta Pallares, Dinamarca

CONSULTORES:
José Ma. Alegre Peyrón, Dinamarca

Editora: Ulla Malmmose

Diseño de cubierta: Mette Plesner
Ilustración de cubierta: Per Illum
Ilustraciones: Per Illum

Copyright © 1972 EASY READERS, Copenhagen
- a subsidiary of Lindhardt og Ringhof Forlag A/S,
an Egmont Company.
ISBN Dinamarca 978-87-11-0932-6
www.easyreaders.eu
The CEFR levels stated on the back of the book
are approximate levels.

Easy Readers
EGMONT

Impreso en Dinamarca por
Sangill Grafisk, Holme-Olstrup

I

Aquella noche de agosto, Plinio durmió en el *portal* del *Ayuntamiento*. Durmió tranquilamente hasta las cinco de la mañana cuando el frío le despertó.

A aquella hora llegaban a la *plaza* del mercado los primeros *carros* con *frutas*, *verduras* y otras cosas para vender. Se veía a la gente preparando las mesas y los *toldos* y poniendo en orden lo que querían vender.

Plinio conocía aquellos ruidos y se durmió de nuevo enseguida. A la media hora alguien le tocaba en el brazo con cuidado. Abrió un ojo y vio junto a sí al guardia Justo Maleza.

— Jefe, jefe...

— ¿Qué pasa?

— Ahí está el *casillero* con otro...

Plinio se levantó. Sabía, por desgracia, lo que querían decir aquellas palabras. Sin responder palabra se puso la *guerrera*, la *gorra de plato* y cogió el *sable* y el *revólver*. Hecho esto dirigió sus pasos hacia la puerta. Junto a un carro estaba, como siempre, Serafín el casillero. Era pequeño y delgado.

---

portal, Ayuntamiento, plaza, carro, fruta, verdura, toldo ver ilustración en página 6.
casillero, hombre que guarda un lugar por donde pasa el tren y que vive en la *casilla*, casa pequeña que está a un lado de la vía.
guerrera, gorra de plato, sable, revólver, ver ilustración en página 7.

plaza

– Buenos días, Serafín – le dijo Plinio mirando al carro. Se acercó un poco más y vio, en el carro, mal cubierto, un cuerpo. Vio que el *cadáver* era el de un hombre ni muy viejo ni muy joven. Estaba en el suelo del carro, boca abajo como si lo hubieran echado allí desde un lugar más alto. Plinio le levantó un poco la cara.

– Este es un Tostao ¿no? – dijo hablando con Maleza.

Maleza miró al muerto.

– Sí, jefe.

– Sí, es Severo el Tostao – aclaró el casillero. Plinio mandó a Maleza a llamar a los del

---

cadáver, cuerpo muerto.

Juzgado y mandó que quitasen de allí el carro para que la gente no mirara. Luego invitó al casillero a entrar en su *despacho*.

Plinio se sentó en el sillón y dejó de pie a Serafín. Antes de preguntarle nada comenzó a *liar* un *cigarrillo*.

— Ya hemos empezado este año – dijo Plinio.

— Sí. Eso parece.

— El año pasado dos muertos y ahora nada más empezar la *cosecha* de los *melones*, otro – siguió Plinio. ¿Cómo ha sido?

melón

— Como siempre. Cuando me levanté para dar paso al tren de las dos de la mañana vi el carro parado en la mitad del camino. Miré lo que iba en él y cuando acabé con lo que tenía que hacer vine a traerlo aquí.

— ¿Tú no oíste nada?

— No señor. Me fui a la cama a las nueve y me dormí enseguida.

Juzgado, lugar donde está el *juez*, persona que hace justicia.
despacho, lugar donde se trabaja para poner en orden los asuntos.
liar, aquí: hacer.
cigarrillo, ver ilustración en página 7.
cosecha, aquí: tiempo en que se recogen los melones, *cosechar*, recoger.

– ¿Tú no te has quedado a *vigilar* alguna noche como te dijimos?

– Sí señor, el año pasado sí lo hacía. Este no... Yo tampoco estoy seguro.

– Tú no tienes dinero.

– Pero tengo ojos.

– Siéntate. Tienes que esperar a que venga el *juez*.

– Sí señor.

Serafín se quedó mirando hacia la ventana que daba a la plaza llena de sol. Plinio salió a la puerta del Ayuntamiento y se detuvo allí.

Aquellos *crímenes* de las «*Cuestas* del Hermano Diego» le iban a quitar la vida. Llegó Maleza de llamar al juez y se quedó junto a Plinio sin decir nada. A aquella hora la plaza del mercado estaba ya llena de gente. La gente con *cestas* en la mano miraba las frutas y las verduras. Se oían voces en la alegría de la mañana.

– Voy a *desayunar* al café de Rocío – dijo Plinio. Cuando venga el juez me llamas. Manda a uno a dar la noticia a la familia del Tostao.

– Sí jefe.

---

vigilar, mirar con cuidado.
juez ver nota en página 8.
crimen, aquí: matar a una persona.
cuesta, lugar más alto que el suelo.
cesta, ver ilustración en página 6.
desayunar, tomar el *desayuno*, lo primero que se toma cada día.

Plinio se fue a desayunar al café de Rocío. Como siempre, había poca gente. Cuando Rocío vio entrar a Plinio le sirvió un café.

– ¡Vaya día que va a tener hoy, jefe! – dijo Rocío.

Plinio no contestó.

– ¿Vino ya don Lotario? – preguntó Plinio.

– ¿Qué hora es? – preguntó Rocío.

– Las seis y media – contestó una mujer que acababa de entrar.

– Entonces va a llegar enseguida – dijo Rocío.

Don Lotario entraba en aquel momento y miró a Plinio que no dijo nada. Don Lotario era amigo de Plinio y era el *veterinario* del pueblo.

Plinio pagó su desayuno y salió después de decir adiós. Don Lotario salió tras él.

– ¡Que haya suerte! – dijo Rocío riendo.

Ya en la calle dijo don Lotario:

– ¿Pero otro crimen, Manuel?

– Otro – dijo Plinio.

Siguieron andando sin decir palabra. En la plaza se separaron los dos amigos y Plinio se fue a la *Posada* donde habían llevado al muerto. Allí estaban ya el médico y el juez.

Por primera vez desde que era jefe de la *Guar-*

---

veterinario, persona cuyo trabajo es poner buenos a los animales que no lo están.
posada, casa donde viven los que van de viaje.

dia Municipal de *Tomelloso* estaba en esta situación: tres muertos y sin saber quién era el *asesino*.

Ya había mucha gente en la puerta de la posada. El médico miró el cadáver, le levantó la camisa y dijo:

– Un solo *navajazo* en el lado del corazón, como siempre.

Plinio se acercó a mirar. Era verdad, un solo navajazo, ancho y profundo...como siempre.

Llegaron la mujer y la hija del Tostao, corriendo. Las dos lloraban a grandes voces. La gente las dejó pasar, mirándolas con pena, y ellas se *abrazaron* al cadáver. Algunas mujeres lloraban.

El juez se *retiró*. El médico dijo:

– A media tarde le haré la *autopsia*.

Se llevaron el cadáver, pero la hija del muerto le dijo a Plinio:

– ¿Pero es que no hay justicia en este pueblo?

Plinio no supo dónde mirar y dándose la vuelta

navaja

Guardia municipal, persona que pertenece al Ayuntamiento y cuida del orden público. También todos los guardias de un Ayuntamiento.
Tomelloso, ver mapa en página 4.
asesino, el que mata a una persona.
navajazo, golpe dado con la *navaja*.
abrazar, tocar con los brazos cuando se quiere a alguien.
retirarse, irse, marcharse.
autopsia, estudio de un cadáver para ver de qué ha muerto.

pasó por entre la gente, que, le pareció a él, lo miraba con expresión *hostil*.

Preguntas

1. Describa la plaza del mercado.
2. Hable de las personas que ha encontrado en este capítulo.
3. ¿Quién es Plinio? ¿Quién es don Lotario?
4. ¿Cómo está vestido Plinio?
5. ¿Qué noticia le da Maleza a Plinio?
6. ¿Cuántos crímenes ha habido?
7. ¿Como ha muerto el Tostao?
8. Hable de la impresión que le ha causado el pueblo y la gente.

---

hostil, enemiga.

2

Plinio se fue a buscar a don Lotario.

– Creí que no llegabas nunca – dijo el veterinario. Los dos amigos subieron al coche de don Lotario. Pero Plinio seguía pensando sin responder una palabra.

– ¿En qué piensas, Manuel?

– Un solo navajazo, don Lotario, como siempre.

– ¿Ancho?

– Ancho.

– ¿Como hecho con navaja de *melonero*?

Plinio miró al veterinario.

– De melonero... eso es, navaja de melonero. Navaja ancha de melonero.

Don Lotario preguntó al jefe:

– ¿Piensas que puede ser un melonero, Manuel?

Plinio, mirando al suelo dijo:

– Muy bien podría ser un melonero.

– Nada más natural que sea un melonero quien mata a los meloneros.

– Sí señor, un melonero o uno que sabe mucho de meloneros. ¿Qué le parece si, antes de empezar el viaje, el viaje a las Cuestas, les *pasamos revista* a los meloneros del mercado? No iremos

---

melonero, hombre que vende o tiene melones.
pasar revista, aquí: observar uno por uno.

juntos sino cada uno por su lado pues más ven cuatro ojos que dos.

– Bueno. Yo voy primero.

Los dos amigos se separaron.

Los meloneros junto a sus *puestos* de melones y *sandías* gritaban:

sandía

– ¡Al buen melón! ¡Vaya melones! ¡Vaya melón que te llevas!

Plinio con su paso *lento* de siempre los iba mirando a todos y a cada uno. Cuando había andado algunos pasos se encontró con don Lotario que le dijo:

– ¿Has visto algo especial, Manuel?

– No. ¿Y usted?

– Yo sí. Lo nunca visto: un melonero durmiendo.

– ¿Un melonero durmiendo? – preguntó Plinio. ¿Cuál?

– Sígueme.

---

puesto, lugar donde los meloneros se ponen con sus melones, en la mesa o en el suelo, ver ilustración en página 6.
lento, que no es rápido.

Plinio y don Lotario se escondieron detrás de unos carros, y don Lotario dijo:

– Mira, era este ... pero ahora está *despachando*.

Plinio miró al melonero. Era el Chinitas, un hombre bajo y gordo.

Plinio miró al carro y a la navaja del melonero y por fin le dijo a don Lotario:

– Vámonos don Lotario, que el calor va siendo fuerte.

Volvieron los dos amigos hacia el coche. Cuando pasaban ante el *cementerio*, camino de *Argamasilla*, vieron el carro del Tostao. La mujer y la hija del muerto, seguidas de otras cuantas mujeres, iban camino del cementerio. En el carro iba el cadáver.

Plinio y don Lotario siguieron su camino hacia las Cuestas del Hermano Diego. Llegaron cerca y se bajaron del coche.

En las Cuestas la tierra es seca, llena de piedras, *estéril*.

El cielo era muy azul. Lleno del sol de agosto. Hacía calor.

Don Lotario, que iba delante, le dijo a Plinio:
– Mira, Manuel.

---

despachar, aquí: vender (melones).
cementerio, lugar donde están los muertos.
Argamasilla, ver mapa en página 4.
estéril, que no produce nada.

Se veían las *señales* de las *ruedas* de un carro. Miraron con cuidado y vieron que las señales eran dobles, como de ida y de vuelta.

– Se ve bien claro – dijo el veterinario – que el criminal esconde aquí su carro para esperar a la víctima. Cuando ha terminado lo saca y se va.

– Eso es lo que dice Serafín – dijo Plinio.

– ¿Es que no crees que el criminal viene en carro... acaso de Tomelloso? – dijo el veterinario.

– No digo ni que sí ni que no.

– Esconde aquí el carro mientras llega la víctima. Y mientras tanto él espera. Si no ¿para qué va a sacar el carro del camino y meterlo en las Cuestas?

– Puede ser...

– Siempre, después de cada crimen, hemos visto las mismas señales.

Por fin dijo Plinio:

– Según usted, ¿el criminal viene de Tomelloso en su carro, para que nadie lo vea se aparta del camino, escondiéndose entre las Cuestas; espera al melonero, lo mata, saca su carro de entre las Cuestas y vuelve a Tomelloso?

– Eso es. La víctima es un melonero que vuelve ya sin melones y solo.

---

señal, marca que deja algo (aquí la *rueda*), huella.
rueda, ver ilustración en página 6.

– ¿Pero cómo sabe el criminal la noche en que va a pasar por aquí un melonero?

– ¡Hombre! – dijo don Lotario –, eso entre meloneros no debe ser difícil. Pero lo que no me explico, Manuel, es que siempre les da el navajazo en la misma forma, y casi en el mismo sitio. Lo más natural es que el melonero vaya dentro del carro o andando junto a sus *mulas*, con los ojos bien abiertos.

– Ya he pensado en eso durante el camino. Vamos a suponer que usted es el melonero que pasa por el camino al lado de su carro.

– Vamos a verlo – dijo don Lotario yendo hacia el camino y empezando a andar camino de Tomelloso con una mano levantada como si llevase agarrada a una mula.

Plinio al pasar don Lotario junto a él, bajó de las Cuestas y le dijo:

– A las buenas noches, don Lotario. ¿Me quiere dar un poco de *lumbre* para este cigarrillo?

– Sí, hombre.

Don Lotario sacó el *mechero* y dio lumbre a Plinio.

– Que Dios se lo pague.

– No hay de qué.

---

mula, animal hijo de caballo.
lumbre, fuego.
mechero, ver ilustración en página 18.

mechero

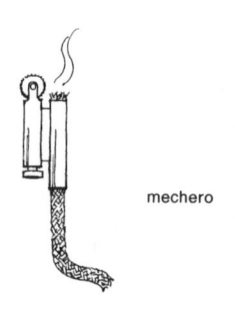

— Ahora usted sigue andando — le dijo Plinio al veterinario.

— Muy bien...

— Y ahora...

Plinio dio unos pasos hacia don Lotario e hizo *ademán* de darle un golpe por la espalda.

— Muy bien, Manuel — exclamó don Lotario.

— No puede ser así — dijo Plinio.

— ¿No?

— No.

— ¿Por qué?

— Porque ningún *carrero se fía de* quien pueda salir de noche por estas Cuestas a pedir lumbre y menos después del primer crimen ocurrido aquí.

— Tienes muchísima razón, Manuel. ¿Entonces?

— Entonces... hace lo que es natural hacer en un camino. Cuando ve venir al que va a matar,

---

ademán, hacer los movimientos para hacer alguna cosa pero sin hacerla.
carrero, hombre que conduce un carro.
fiarse de, confiar en.

el criminal saca su carro del *escondite* en dirección contraria, hacia *Manzanares*, y al *cruzarse* con el otro, como es corriente entre carreros, para y se queda un rato hablando con la víctima, ... o le pide lumbre, o lo que sea. Al despedirse es cuando lo mata... Todo esto si el criminal viene en carro.

Don Lotario al oír el final se quedó mirando a Plinio con mucha pena. Los dos amigos se sentaron en el coche para liar un cigarrillo. Lo liaron en silencio. Plinio le dijo a don Lotario:

– Vamos a ver si puedo explicarle lo que pienso. *Sospecho* que el criminal no viene en carro. Si viniera en carro, con su carro y con su mula, no veo claro por qué esconde el carro y luego lo saca. No, no lo veo claro. Sólo veo claro que hay un criminal muy *listo* y unas señales de rueda de carro que salen y vuelven a las Cuestas, pero nada más. Pienso que el criminal es un *tipo* que lo tiene todo muy bien estudiado...

– ¡Y tan estudiado! Tanto que nunca ha *fallado*.
– Ya fallará.

---

escondite, lugar donde se esconde algo o alguien.
Manzanares, ver mapa en página 4.
cruzarse encontrarse en un lugar los que van en direcciones contrarias.
sospechar, aquí: pensar.
listo, que sabe y puede hacer bien las cosas.
tipo, hombre.
fallar, aquí: equivocarse.

– A lo mejor cuando no queden ya meloneros en Tomelloso.

– ¿Y qué quiere usted que haga yo?

– Ten calma, Manuel, tienes razón ... Pero ¿no has pensado de qué pueden ser esas huellas?

– Sí ... pero no estoy muy seguro ...

– Dime.

– Veamos: el criminal, que muy bien puede llegar andando junto a la víctima, ir hablando con ella, mata al melonero cuando se le presenta la primera ocasión. Luego lo echa en el carro. Él también se monta en el carro. Ya en el carro le quita la *cartera*. Después esconde el carro entre

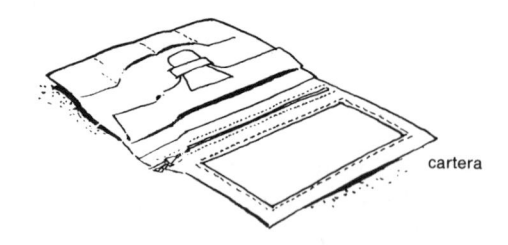

cartera

las Cuestas (huellas de la entrada), para así tener tiempo de *huir*. Pasado el tiempo, las mulas se van solas hacia Tomelloso... o bien Serafín encuentra el carro aquí mismo, junto a su *casilla* (huellas de la salida).

– Todo eso es muy posible.

---

huir, marcharse antes de que lo vea alguien.
casilla, ver nota en página 5.

– Sí, pero hay algo que no entiendo: esas *caminatas* que tiene que darse el criminal.

– Puede venir en el tren.

– ¿Y bajarse del tren *en marcha?* No lo creo. Me parece mejor lo de venir andando que en carro.

– ¿Y por aquí no vive nadie?

– Nadie más que el casillero.

– ¿Qué te parece si *investigáramos* quiénes tienen los *melonares* por aquí cerca?

– Me parece muy bien.

Subieron al coche y cuando el coche *arrancaba*, vieron cómo un tren, que pasaba al otro lado de las Cuestas, detenía su marcha.

– Vaya usted despacio – le dijo Plinio al veterinario. Y con la cabeza vuelta miraba hacia la casilla de Serafín. Enseguida apareció Serafín el casillero. Llegó hasta su casilla.

Cuando iba a abrir la puerta vio el coche que se alejaba.

– ¿Es Serafín? – preguntó el veterinario.

– Sí.

– Pronto lo ha dejado el juez.

El sol quemaba, el viento era caliente, quema-

---

caminata, paseo largo hecho a pie.
en marcha, cuando el tren está en movimiento.
investigar, hacer trabajos para llegar a saber una cosa.
melonar, lugar donde nacen los melones.
arrancar, aquí: ponerse en movimiento.

ba también. Cuando los dos amigos llegaron a Tomelloso eran las dos de la tarde.

En el despacho de Plinio estaba la *lista* de los meloneros. Plinio llamó a los *hombres* de su *confianza*. A cada uno le dio un número de meloneros para que *averiguase*: qué clase de personas eran, quiénes llevaban a vender sus melones fuera de Tomelloso y quiénes los vendían en Tomelloso. También debían averiguar quiénes tenían los melonares cerca de las Cuestas del Hermano Diego.

Preguntas

1. ¿Qué hacen Plinio y don Lotario antes de ir a las Cuestas?
2. ¿Qué piensa don Lotario cuando ve a un melonero dormido?
3. ¿Cómo piensan los dos amigos que se ha hecho el crimen?
4. Comente las ideas de los dos amigos acerca de los crímenes?
5. ¿Qué tienen que averiguar los hombres de confianza de Plinio?

---

lista, aquí: los nombres de los meloneros puestos uno debajo de otro.
hombres de confianza, en los que se confía.
averiguar, trabajar para saber algo.

3

Cuando Plinio se iba a su casa le avisaron de parte del señor *alcalde*. Plinio subió la *escalera*. En el despacho del alcalde estaba también el juez. Los dos estaban serios.

– ¿Qué sabe usted del crimen del Tostao? – le preguntó el alcalde.

Plinio dijo en pocas palabras cuáles eran sus ideas sobre el crimen.

– Manuel, el pueblo está *alarmado*. Estamos ante el tercer crimen y no sabemos lo que puede pasar en los días que vienen. Creo que debemos avisar a la *policía* de *Ciudad Real*.

– Hagan lo que quieran, pero ya saben que en esto poco pueden hacer los de la policía . . . Además hay solamente tres policías para Ciudad Real y sus pueblos. Pero hagan lo que quieran.

Don Lotario esperaba a Plinio a la puerta del Ayuntamiento.

– ¿Que dice el alcalde, Manuel?

– Nada, que van a llamar a la policía de Ciudad

---

alcalde, el jefe (= presidente) del Ayuntamiento en cada pueblo.
escalera, ver ilustración en página 24.
alarmado, no tranquilo.
policía, cuerpo cuyo trabajo es cuidar el orden público.
Ciudad Real, ver mapa en página 4.

Real... A media tarde iré a ver lo que ha *resultado* de la autopsia.

– Iremos.

– Claro, iremos.

Plinio llegó a casa. Comió poco. El calor le había quitado las ganas de comer. Cuando su hija le sirvió para *postre* una sandía dijo:

– No quiero postre.

Durmió la *siesta* hasta las cinco. Luego sacó un

---

resultado, efecto de un hecho. Aquí: participio de resultar.
postre, fruta u otra cosa que se sirve al final de una comida.
siesta, sueño o descanso que se hace después de comer.

cubo de agua del *pozo*, se lavó, lió un cigarrillo y salió a la calle.

Don Lotario ya lo esperaba junto al coche. Subió a él Plinio. El coche arrancó hacia el cementerio. Era el tiempo de la *trilla*. La sombra de las casas y de los árboles se veía en el suelo lleno de sol. El cielo era azul.

En el portal del cementerio estaba sentada en el suelo toda la familia del Tostao. Estaba la madre del muerto que tenía más de ochenta años.

– Pase usted a ver – le dijo Plinio a don Lotario.

La madre del Tostao mandó llamar a Plinio. La *anciana* rezaba el *rosario* de *cuentas* negras que pasaba por entre sus dedos.

Cuando Plinio llegó a donde ella estaba le

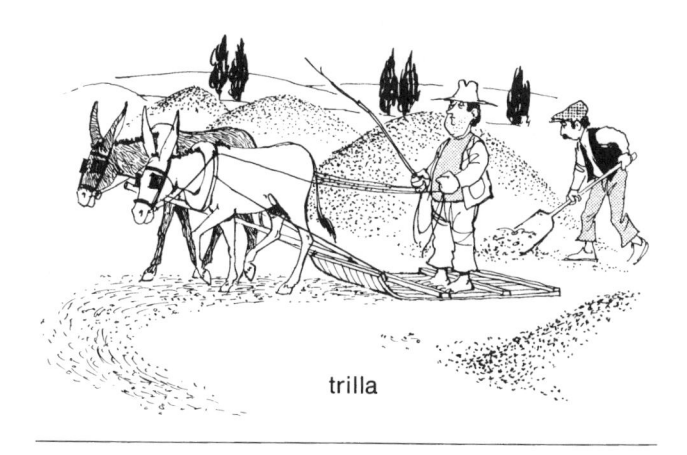

trilla

---

anciano, persona muy vieja.
rosario, *cuentas*, ver ilustración en página 26.

cuentas

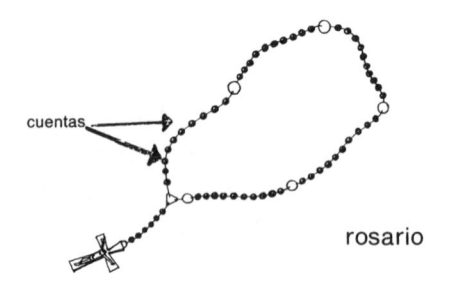

rosario

dijo: «Plinio, hijo mío, que Dios te ayude y puedas saber quién ha matado a mi hijo.»

Plinio le pasó la mano por la cabeza.

Llegó don Lotario y dijo:

– El muerto tiene golpes en la cabeza y en la espalda.

– Ya – dijo Plinio.

Los dos amigos pasaron la tarde hablando sobre lo que sabían de los meloneros. Era lo siguiente: eran 62 los meloneros que iban siempre a la plaza. De ellos, 8 tenían los melonares cerca de las Cuestas. De estos 8, tres eran gente *sospechosa*. Plinio y don Lotario los vigiliarían.

Hacia las once de la mañana siguiente, cansados de vigilar a sus meloneros, los dos amigos se fueron al Ayuntamiento.

A las doce y media se oyeron voces en la plaza.

Por la calle de la Feria llegaba a la plaza en ese momento un carro tirado por dos mulas. Detrás iba mucha gente. Un guardia traía cogida la

---

sospechosa, persona en la que no se confía.

mula de la derecha. Cuando el guardia se paró frente a la puerta del Ayuntamiento, Plinio pudo ver el brazo de un hombre. El brazo *colgaba* del carro. Se veía también parte de la cabeza del muerto.

Las gentes que venían detrás del carro gritaban:

– ¡Queremos justicia!

– Eso, queremos justicia.

Llegaban corriendo gentes de todas partes.

– ¡Que salga el alcalde! – gritó una voz.

– ¡Que salga, eso es, que salga! – gritaron muchas voces.

El alcalde salió a la ventana del Ayuntamiento y pidió a todos que callaran. Cuando la gente se hubo callado, dijo:

– «*Ciudadanos* de Tomelloso, ¡hijos míos!, ¡hermanos míos! ... Gracias al rey *Alfonso XIII* y a su *general* don *Miguel Primo de Rivera* hay justicia en España. ¡Hijos míos! ¿creéis que no vamos a hacer justicia? Pero, decidme, hermanos, ¿contra quién? Yo os pido ayuda para que en la tierra del caballero de la justicia don

---

colgar, poner algo de manera que no llegue al suelo.
ciudadano, el habitante de una ciudad o pueblo.
Alfonso XIII, rey de España (1886–1941).
general, hombre importante o principal en el ejército.
M. Primo de Rivera, general español, trabajó en la política (1870-1930).

Quijote no quede un crimen sin que se haga justicia contra el criminal ... Id tranquilos a casa.»

La gente se marchó hablando. Algunos vendedores volvieron a sus mesas y a sus toldos de la plaza.

Plinio salió y se puso a mirar el carro.

– Le han dado cinco *puñaladas* – dijo el médico –, ninguna en el corazón.

Plinio, sin decir nada, se dio la vuelta y llorando marchó para su casa.

A las seis de la tarde, de vuelta de otro viaje a las Cuestas, Plinio y don Lotario estaban sentados en un café en Argamasilla de Alba. Al casillero no lo encontraron en su lugar de trabajo y se fueron a Argamasilla.

Plinio dijo:

– Muerto número cuatro.

– Sí señor, número cuatro; ¿a dónde llegaremos, Manuel?

– Muerto número cuatro y no con una puñalada en la espalda, como los otros, sino con cinco, de ellas sólo dos en la espalda.

– Le han quitado la cartera, el *reloj* y la *bota* de vino.

Quijote, personaje del libro de Cervantes (1547–1616) figura mayor de las letras españolas.
puñalada, golpe dado con un *puñal*.

– En las Cuestas no hay huellas de carro como antes.

– No las hay – contestó el veterinario.

– El carro llegó al pueblo casi a medio día.

– Y a esas horas, Manuel, ¿cómo es posible que nadie viera el carro por el camino?

– Este crimen no es como los otros.

– No.

– Creo que este crimen último lo ha *cometido* una persona distinta de la que cometió los otros.

– ¿Tú crees?

– Estoy casi seguro. El que ha cometido los otros crímenes es un tipo que hace las cosas con cuidado, en silencio. El otro es un tipo sin *oficio* y sin nada.

– ¿Por eso se ha llevado la cartera, el reloj y la bota?

– Sí. Y este hombre – siguió Plinio – esta noche

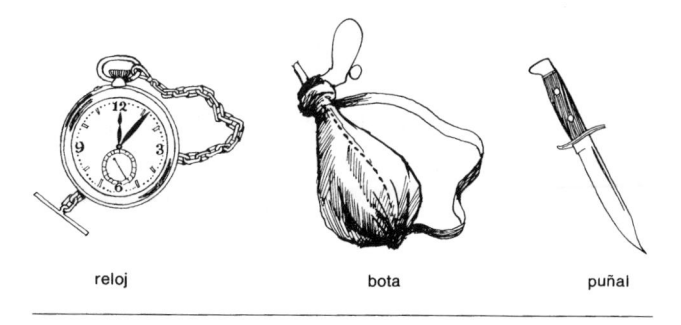

| reloj | bota | puñal |

cometer, hacer.
oficio, trabajo especial.

irá a *gastar* el dinero en vino. Seguro, don Lotario...

– ¡Qué *grande* eres Manuel! – dijo el veterinario dándole un golpecito al jefe en la espalda.

Plinio le dijo a su amigo:

– Vamos, que esta noche tendremos mucho que hacer.

El camino de Argamasilla a Tomelloso lo hicieron muy contentos.

Cuando llegaron a Tomelloso cada uno se fue a *cenar* a su casa.

Preguntas

1. ¿Por qué están serios el juez y el alcalde?
2. ¿Por qué quieren avisar a la policía de Ciudad Real?
3. ¿Por qué daba voces la gente que estaba en la plaza?
4. ¿Qué pide la gente? ¿Cuál es la situación de esta gente?
5. ¿Por qué piensa Plinio que el asesino del muerto número cuatro es distinto del asesino de los tres anteriores? Explique las diferencias.

---

gastar, emplear.
grande, aquí: importante, listo.
cenar, comer la *cena*, última comida del día.

4

Después de cenar, a las diez y media, Plinio reunió en su despacho a todos los guardias y a los hombres de su confianza y les dio la siguiente *orden*: «Esta noche un hombre pobre, que nunca tiene trabajo ni dinero, irá a algún *prostíbulo* o a alguna *taberna* a beber. Quien encuentre a un hombre con estas *características* que me lo diga. Don Lotario y yo estaremos en el Ayuntamiento, junto al teléfono».

Cuando los hombres se fueron don Lotario y Plinio salieron a tomar un café. En el bar encontraron a don Antonio, el médico.

Plinio lo llamó aparte.

– Don Antonio, perdone una pregunta.

– Diga usted, Manuel.

– La navaja con que apuñalaron al de hoy ¿es tan ancha como la que emplean otras veces?

– Estas puñaladas están muy mal dadas. Estoy casi seguro de que se ha empleado una navaja más corta y más estrecha.

– ¿Otra navaja?

– Sí.

---

orden, lo que manda hacer el jefe.
prostíbulo, casa donde se bebe y hay mujeres públicas.
taberna, casa donde se reune la gente para beber.
características, aquí: señas.

— ¿Tenía el muerto golpes de otra clase?
— No.
— Nada más. Muchas gracias, don Antonio.

Cuando Plinio llegó al Ayuntamiento esperó más de una hora sin que nadie le llamara por teléfono. *Fumaba* un cigarro detrás de otro y a veces miraba el periódico.

Llegó don Lotario y en ese momento sonó el teléfono:

— ¿Dime? ... Sí ... sí ... ¿Cómo? ... El Chavico ... Sí ... que ... que no se vaya ... Que le den más vino ... ¿Está claro? ... Que no se vaya ... Yo iré dentro de una media hora ... Oye, dile a Carmen que se ponga al teléfono. Espero.

— Oye, Carmen ... ahí está uno que llaman Chavico. Que no se vaya ... dale más vino ... haz lo que sea, pero que no se vaya. En ti confío ... Tú sabes hacer estas cosas. Plinio dejó el teléfono y le dijo a don Lotario:

— El Chavico está *borracho* gastando dinero como un loco en la taberna de Carmen. Vamos. ¿Conoce usted a ese hombre?

— ¿Al Chavico? Sí, hombre.

Salieron. Plinio y don Lotario fueron a casa de Carmen. La casa de Carmen era taberna y

---

fumar, aspirar el *humo* del cigarillo (ver ilustración en página 7).
borracho, estado a que se llega cuando se bebe mucho vino.

prostíbulo. Se acercaron a la puerta con mucho cuidado. Dentro se oía hablar. Por la ventana se veía la luz de un *candil*. Plinio se acercó más y llamó a la puerta. Los que estaban dentro se callaron. Carmen abrió la ventana y dijo:

– ¿Quién llama?

Plinio sin decir nada dirigió la *linterna* a la cara de quien preguntaba:

– Abre, Carmen, que tomemos una *copa* con vosotros.

Mientras abrían, preguntó don Lotario a Plinio:

linterna

---

candil, *copa*, ver ilustración en página 34.

3 Los carros vacíos

– ¿No tiene esta casa otra puerta?

– No señor – respondió Plinio.

Abrieron por fin la puerta y los dos amigos entraron. La *cocina* estaba llena del humo de los cigarrillos. Olía a vino y a comida. Carmen era una mujer de cuarenta años, era la única que estaba tranquila y fue la primera en hablar:

– Buenas noches tengan ustedes.

– ¿Nos podemos sentar a beber unas copas?

– Sí señor. Aquí tienen sillas.

Plinio se sentó en una silla en la que estaba la *chaqueta* del Chavico. Era una chaqueta muy vieja. Don Lotario se sentó en una silla a la que le faltaba una *pata*.

– Ponnos una copa, Carmen.

34

– Sí señor, con mucho gusto.

– Es bueno este vino – dijo Plinio.

– Beba usted otra, don Lotario – dijo Carmen.

Plinio metió la mano en el bolsillo de la chaqueta del Chavico y sacó un reloj.

– ¿De quién es este reloj, Chavico?

– Mío...

– ¿Tuyo? Pero ¿tú has tenido reloj alguna vez?

– Sí señor.

– Pues claro que ha tenido – dijo Carmen.

Luego sacó de otro bolsillo una cartera y de ella cuatro *billetes* de veinticinco pesetas. De la cartera salieron también unas *monedas* de plata. Cuando acabó de sacar cosas de la chaqueta se levantó y empezó a mirar por las habitaciones.

– Deme usted la linterna, don Lotario ... Y siga usted bebiendo con esta gente mientras yo miro un poco a ver lo que hay por aquí.

Plinio entró en la habitación de Carmen y

monedas

billete

pronto salió de ella llevando en la mano una bota de vino vacía.

El Chavico no sabía qué hacer. Carmen dijo:

– Él no ha matado a cuatro meloneros.

– Tú cállate – dijo Plinio. Así que tú has matado a cuatro meloneros ¿eh Chavico?

– Yo no he matado a cuatro meloneros – respondió el Chavico.

– Entonces ¿a cuántos?

– A ninguno.

– Mira Chavico . . . ¿a cuántos?

Chavico miró a Plinio con mucho miedo.

– Habla – le dijo Plinio. ¿A cuántos?

– Sólo a éste. . .

Y lo dijo como si el muerto estuviera allí vivo.

– Él no ha matado a nadie – dijo Carmen.

– Tú te callas – le dijo Plinio.

– Entonces ¿quién mató a los otros?

– No sé.

– Plinio ya hay luz, es de día – dijo don Lotario.

– Vámonos entonces. Tú, Carmen, te vienes con nosotros.

– ¿Yo?

– Sí, hija.

– Yo no he matado a nadie.

– Tú vienes con nosotros y te callas.

Plinio le puso a Chavico las *esposas* antiguas y grandes. Salieron. El cielo estaba claro. Antes de ir al Ayuntamiento pasaron por la casa del último melonero muerto al que llamaban el Calabaíno. La puerta de la casa estaba abierta.

–¿Quién hay por aquí? – gritó Plinio.

Un muchacho de unos doce años, vestido de *luto* salió a la puerta.

– ¿Está tu madre?

El muchacho se fue sin decir nada. Al poco rato apareció la madre y otra mujer. Eran la mujer y la hermana del muerto.

Plinio les dio los buenos días y les mostró la bota que llevaba en la mano.

– ¿Es ésta?

Las dos mujeres miraron con los ojos muy abiertos. La mujer del muerto cogió la bota entre las manos y empezó a llorar a gritos:

– ¡Ay mi pobre ...! ¡Sí es! ... Siempre la llevaba.

Plinio sacó el reloj. La mujer lo tomó en sus manos y seguía llorando. Plinio se volvió al coche. Después de las ocho de la mañana entró el Ford

esposas

---

luto, vestido negro que se pone la familia de una persona cuando ésta muere.

de don Lotario por la calle del Campo, por entre los puestos de los meloneros.

– Vamos a decir – le dijo Plinio al oído a don Lotario – que Chavico es el autor de todos los crímenes.

Don Lotario dijo que sí y el Ford se detuvo a la puerta del Ayuntamiento. Todos los que estaban en la plaza los miraban.

Preguntas

1. ¿Qué orden da Plinio a sus hombres y por qué se la da?
2. ¿Por qué habla Plinio aparte con el médico?
3. ¿Por qué le pide Plinio a Carmen que no deje marchar al Chavico?
4. ¿De quién era el reloj que encuentra Plinio en el bolsillo de la chaqueta del Chavico? ¿Cómo piensa usted que ha llegado a sus manos?
5. ¿Qué más hace Plinio en casa de Carmen? ¿Por qué se lleva a Chavico y a Carmen?
6. ¿Cómo se llama el último melonero muerto?
7. ¿Por qué quiere decir Plinio que el Chavico ha sido el asesino de todos los meloneros? ¿Lo cree así Plinio? ¿Y usted?
8. Hable de los personajes de este capítulo y analice su situación.

5

Plinio entró en su despacho con Chavico. Durante un rato largo no dijo nada. Por fin Plinio habló:
— ¿Por qué mataste al Calabaíno?
El Chavico tenía la cabeza baja y dijo, con una voz que casi no se podía oír:
— No sé...
— ¿Cuándo pensaste matarlo?
— En *Manzanares*.
— ¿Y qué hacías tú en Manzanares?
— Me fui con el que llaman Ricote para ayudarle a descargar.
— ¿Tú trabajas? ¿Desde cuándo? ... ¿Iba el Ricote solo?
— Sí.
— Tú lo que pensabas era matar al Ricote ¿no es eso? ¿Por qué no lo hiciste?
— Porque no vendió los melones en Manzanares y se fue a Ciudad Real.
— Entonces encontraste al Calabaíno ¿no es así?
— Sí.
— ¿Cómo te viniste con él?

Manzanares, ver mapa en página 4.

– Le dije que si quería traerme en su carro. Como venía solo le gustó.

– ¡Pobre hombre! ¿Por qué lo mataste junto a las Cuestas? ¿Pensaste que así todos creerían que fue «el otro»?

– Sí señor.

– ¿A qué hora lo mataste?

– No sé . . . serían las cinco.

– ¿Cómo? ¿Íbais los dos en el carro?

– Sí . . . él se durmió. Lo maté. Dejé el carro junto a las Cuestas y me vine andando.

– ¿Viste a alguien por allí?

– No.

– ¿No hablaste con nadie en todo el camino?

– No.

– ¿Y al ir con Ricote?

– Tampoco . . . Bueno, sí, con el casillero.

– ¿Qué hablásteis?

Nada especial Estaba junto al camino y al vernos nos paró.

– Algo hablaríais.

– Que dónde íbamos. Que si me había hecho yo melonero.

Cuando terminó de hablar con el Chavico, Plinio salió a la plaza y buscó el puesto de Ricote. Ricote dormía debajo de un carro, mientras su hermano vendía melones.

Plinio le despertó.

– ¿Qué . . . qué pasa? – preguntó Ricote.

– Nada, hombre, nada. No te muevas. ¿Cuándo has llegado de Ciudad Real?

– Anoche.

– ¿Te llevaste al Chavico contigo?

– Sí . . . He tenido suerte, según cuentan.

– Sí, si te vuelves con él te mata como al Calabaíno. Me ha dicho que cuando íbais para allá no visteis a nadie. ¿Es verdad?

– Sí . . . no vimos a nadie. Pero hablamos con el casillero. Con el casillero se habla siempre. Cuando pasa un carro sale siempre al camino.

– Y al volver ¿no lo has visto nunca?

– No . . . no lo he visto nunca.

Plinio le dijo adiós a Ricote y se fue al café de Rocío. Cuando iba a pagar lo que había tomado llegó Maleza.

– Jefe, ahí está el casillero. Dice que quiere hablar con usted.

Plinio, sin decir nada, salió hacia el Ayuntamiento. Serafín lo esperaba con sus *alforjas* al *hombro*.

– ¿Qué hay, Serafín?

– Buenos días, Manuel; quería hablarle.

– ¿Qué pasa? ¿Traes noticias de otro muerto?

– No señor, esta vez no. Es que esta mañana

---

alforjas, hombro, ver ilustración en página 42.

pasó por allí un carro, camino de Manzanares, se paró para que liáramos un cigarro y me dijo el carrero que había habido otro muerto.

– Sí, este se te ha *escapado*, Serafín.

– Es verdad, este es el único que no he visto. Como estuve ayer en *Alcázar*...

– Pues lo mataron a la misma hora que a los demás. ¿Conoces al muerto?

– Sí señor, lo vi pasar por allí el sábado.

– ¿Y cuándo te dijo que volvería?

– Hoy... creo.

– Lo que no sabías es que ya está en la cárcel el asesino.

– ¿Quién es?

---

escapar, marchar; aquí: írsele de las manos (fig.)
Alcázar, ver mapa en página 4.

– El Chavico.
– ¿Ese es el que los ha matado a todos?
– Sí, claro, a todos. Adiós, Serafín.

Plinio se *despidió* de Serafín y se fue a buscar a don Lotario.

– Prepare usted el coche deprisa que nos vamos a las Cuestas.
– ¿Qué pasa?
– No sé. Vamos a ver.
– ¿Vamos?
– Sí. Espere un poco que vendrá el casillero para que lo llevemos.

Enseguida llegó el casillero. Subieron los tres al coche. Don Lotario y Plinio delante. Serafín detrás.

Cuando llegaron a la casilla pararon. Serafín abrió la puerta para bajarse del coche.

– Bueno, que tengan ustedes buen viaje hasta Manzanares...

Don Lotario se quedó mirando a Plinio. Éste le dijo a Serafín:

– He pensado otra cosa. Vamos a quedarnos aquí. Quiero explicarle a don Lotario y a ti cómo se hicieron los primeros crímenes. Porque sabrás que el Chavico sólo ha matado al último. A los primeros los mató otro.

---

despedirse, separarse dos personas y decirse adiós.

– Explícanos, Manuel – dijo don Lotario.

– Verán ustedes – dijo Plinio sin bajarse del coche y mirando a Serafín – el criminal no es un melonero como pensábamos al principio. Pienso que el criminal sólo tenía dos caminos para hacer bien lo que quería: uno, saber desde dónde y a qué hora salía la víctima para matarla en el lugar elegido. Esto es lo que ha hecho el Chavico. Desde Manzanares se vino con el Calabaíno en el mismo carro...

– ¿Y el otro camino, Manuel? – preguntó don Lotario.

– El otro camino es tan sencillo que lo teníamos delante y no queríamos verlo.

Plinio se quedó mirando a los dos hombres.

– Sigue, Manuel...

– El criminal no puede ser más que un vecino de por aquí cerca, que puede ver quién va y quién viene.

Don Lotario dijo que eso parecía muy posible; Serafín estaba sin moverse.

– El criminal – siguió Plinio – se acerca a los carros que pasan por aquí camino de Manzanares o de Ciudad Real. Ve si los meloneros van solos o van con otro, les pregunta cuándo vuelven. Cuando vuelven sale al camino, habla con ellos, lía un cigarro y al despedirse los apuñala por la espalda. Después esconde el carro detrás de las

Cuestas y cuando le parece que es tiempo, coge la mula y se presenta delante de las *autoridades* de Tomelloso diciendo que ha encontrado aquello al levantarse...

Don Lotario y Plinio se quedaron mirando a Serafín.

– Vamos a tu casa, Serafín – dijo Plinio.

Serafín no se movió. Los dos amigos bajaron del coche.

– He dicho que vamos a tu casa.

El hombre empezó a andar. Entraron. En la casilla no había casi nada. Solamente había una mesa, una silla, una *alacena* con *platos* y vasos muy limpios y unos *faroles* de *ferroviario*. En otra habi-

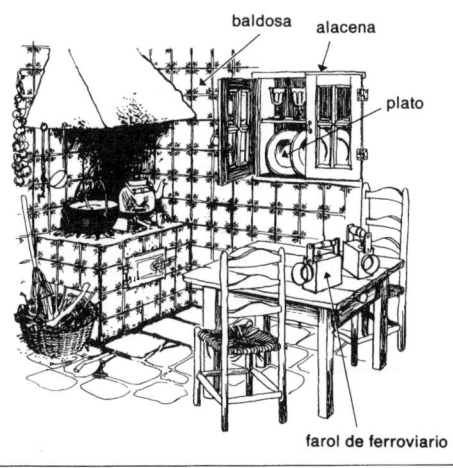

---

autoridades, las personas que tienen poder para que se cumpla una orden, aquí para que se haga justicia.
ferroviario, hombre que trabaja en el servicio de trenes.

tación había una cama. Plinio comenzó a mirar por todas partes. Por fin sus ojos vieron un cuadrito de San Luis que estaba colgado en la pared sobre la cama. Descolgó el cuadro y le quitó el papel fuerte que tenía por detrás. Al hacerlo salieron de allí billetes de cinco y diez *duros*.

– ¿Dónde tienes las monedas de plata?
Serafín callaba.
– Que dónde tienes las monedas.

Serafín señaló la pared. Plinio levantó una *baldosa* que no estaba bien puesta. Detrás había monedas de plata. Del bolsillo de la chaqueta de Serafín sacó Plinio una navaja ancha y larga.

Llegaron a Tomelloso antes de las doce de la mañana.

– ¿Está usted contento? – le preguntó Plinio a don Lotario.

– Eres muy grande Manuel, pero que muy grande.

Los dos amigos se separaron. Plinio llegó al Juzgado y el juez le dijo:

– Manuel, Chavico dice que sólo ha matado a un hombre.

– Y así es – dijo Plinio.

– Entonces habrá que buscar al otro criminal.

---

duro, cinco pesetas.
baldosa, ver ilustración en página 45.

– Ya está buscado y en la cárcel.
– ¿Y quién es? – preguntó el juez.
– Serafín el casillero.

Todos le miraron, admirándole.

Manuel – dijo el juez –, voy a pedir que te den una *gratificación* por tus servicios a Tomelloso.

– No, a mí no. Mejor que me suban el *sueldo*. Y que vean cómo pagar la *gasolina* a don Lotario.

Cuando Plinio se marchaba a su casa llegó don Lotario:

– Oye, Manuel, ¿tú estabas seguro de que era Serafín?

– No ... Si no hubiéramos encontrado el dinero y la navaja, nunca hubiéramos sabido quién era el criminal, porque Serafín, al ver que no teníamos confianza en él, no hubiera vuelto a matar.

– ¿Creíste que era él desde el principio?

– No. No sé por qué. Parece un hombre bueno. El orden con que se hicieron todos los crímenes menos el último, me hizo pensar en este hombre todo orden y silencio. Y además pensé en él al saber por el Chavico que hablaba siempre con los meloneros que pasan.

---

gratificación, dinero que se da a alguien además del *sueldo* por un trabajo o un servicio realizado.
sueldo, lo que gana una persona por el trabajo que hace.
gasolina, líquido que se pone a los coches para que marchen.

Don Lotario, oyéndole, movía la cabeza con admiración.

Preguntas

1. ¿Por qué no mató Chavico a Ricote? ¿A quién mata en su lugar?
2. Qué hace el casillero cuando ve pasar un carro?
3. ¿Por qué pregunta Serafín si el Chavico ha matado a todos los meloneros? ¿Sabía Serafín quién los había matado?
4. ¿Cómo piensa, ahora, Plinio que se han cometido los primeros crímenes?
5. ¿Quién piensa Plinio que es el asesino?
6. ¿Qué encontraron en casa de Serafín? ¿Qué tenía en la chaqueta?
7. Resuma la historia de LOS CARROS VACÍOS. Dé su opinión sobre ella. ¿Qué es lo que más le ha interesado? ¿Cuál ha sido su personaje favorito? ¿Por qué?

www.easyreaders.eu

FRANCISCO GARCÍA PAVÓN
(n. 1919).

Nació en Tomelloso, pueblo de la provincia de Ciudad Real, y Tomelloso va a ser el escenario de casi todos sus libros. Es catedrático de literatura de la Escuela de arte dramático y se dio a conocer con una novela que fue finalista del premio Nadal en 1945, *Cerca de Oviedo*. Es un autor muy original tanto en la novela como en el relato y en el ensayo. Ha estudiado y editado a otros autores y ha antologizado a los cuentistas modernos, haciendo un excelente estudio del género que antologiza. Es una articulista agudo, de un finísimo humor, lleno de ternura. Es el creador de la novela policiaca en España, habiendo hecho famoso a su policía *Plinio* cuyo verdadero nombre es Manuel González y cuyo campo de trabajo es preferentemente Tomelloso, de donde es el jefe de la Policía Municipal, y sus alrededores.

LOS CARROS VACÍOS es de 1965, y es un relato breve y una más de las *Historias de Plinio* (1968) recogida en *Nuevas historias de Plinio* (1971).

En Tomelloso, cuando llega la recogida de los melones, se cometen varios asesinatos. Alguien, no se sabe quién, asesina a los meloneros. La tarea de Plinio es encontrar al asesino. Con Plinio trabaja don Lotario, su amigo y veterinario del pueblo. En realidad ambos investigan toda clase de conflictos humanos. De la mano de sus personajes principales, García Pavón pone delante de nosotros una rica galería de tipos, seres humanos vistos por el autor siempre con humor, con amor y comprensión.

Algunas obras de García Pavón:

Cuentos republicanos, Los liberales, El reinado de Witiza, Las hermanas coloradas (Premio Nadal 1969), *Una semana de lluvia, Nuevos artículos de costumbrea, El teatro social en España.*

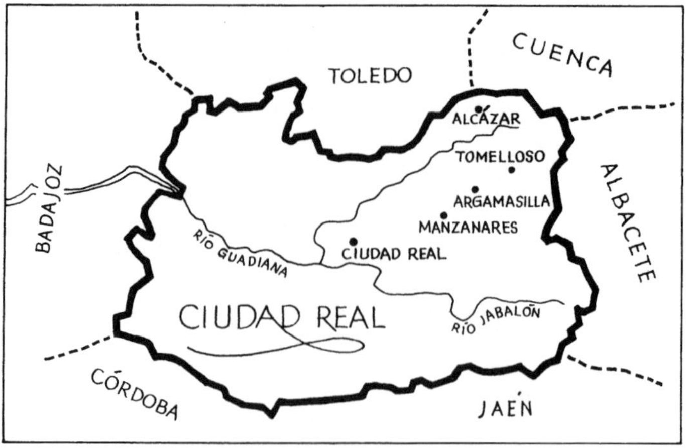
TOLEDO
CUENCA
ALCÁZAR
TOMELLOSO
ARGAMASILLA
MANZANARES
CIUDAD REAL
BADAJOZ
ALBACETE
RÍO GUADIANA
CIUDAD REAL
RÍO JABALÓN
CÓRDOBA
JAÉN

MAR CANTÁBRICO
FRANCIA
OCÉANO ATLÁNTICO
ASTURIAS
GALICIA
LEÓN
CASTILLA LA VIEJA
ARAGÓN
CATALUÑA
PORTUGAL
GUADALAJARA
MADRID
TOLEDO
CUENCA
EXTREMADURA
VALENCIA
CIUDAD REAL
MURCIA
ANDALUCÍA
CASTILLA LA NUEVA
MAR MEDITERRÁNEO